NUTRE TU CUERPO
Colección Remolino

© del texto: Gaëlle Duret, 2018
© de las ilustraciones: Leonor Pérez, 2018
© de esta edición: Editorial Amanuta Limitada, 2022
Santiago, Chile
www.amanuta.cl

Este es un proyecto de Editorial Amanuta

Dirección editorial: Ana María Pavez y Constanza Recart
Diseño: Polinka Karzulovic

Segunda edición: febrero 2022
N° registro: 294.307
ISBN: 978-956-364-087-8
Impreso en China

Editorial Amanuta
Todos los derechos reservados

....

Gaëlle, Duret
Nutre tu cuerpo / Duret Gaëlle;
Ilustraciones de Leonor Pérez.
2° ed. - Santiago: Amanuta, 2022.
[60p.]: il.col.; 20 x 24,5 cm. -(Colección Remolino)
ISBN: 978-956-364-087-8
1. NUTRICIÓN DE LOS NIÑOS 2. LIBROS ILUSTRADOS PARA NIÑOS
3. MENTE Y CUERPO
I. Pérez, Leonor, il. II .Título IV. Serie

....

ÍNDICE

INTRODUCCIÓN

SON ALGUNAS DE LAS PREGUNTAS QUE INTENTAREMOS RESPONDER EN ESTE LIBRO.

Gozar de buena salud es fundamental porque te permite tener energía y fuerza para hacer todas las cosas que te gustan, como por ejemplo, correr, saltar, bailar e incluso leer y estudiar.

COMER BIEN

Cada vez que comes, estás aportando a tu cuerpo nutrientes indispensables para que puedas funcionar al 100%.

Comer bien va mucho más allá de ser flaco o gordo, pues sin los nutrientes que te aportan una buena alimentación, tus células, órganos y por ende tu cuerpo, estarán funcionando a media máquina.

PROBLEMA ACTUAL

El problema actual en el mundo ya no es la malnutrición, sino la sobre nutrición. En otras palabras, comemos demasiado, pero sobre todo, comemos demasiados alimentos altos en azúcares y con pocos nutrientes indispensables. Eso tiene como consecuencia que niños y adultos tengan sobrepeso y obesidad, con todas las limitaciones que esa condición conlleva: apnea del sueño, depresión y baja autoestima, hipertensión, aumento del colesterol, aumento de la glucosa en la sangre, entre otras.

CUIDEMOS NUESTRO CUERPO. SOLO TENEMOS UNO

Cada vez que comemos, tenemos la posibilidad de entregarle a nuestro cuerpo alimentos deliciosos y nutritivos dejando los alimentos procesados y refinados de lado. Usa tu creatividad en la cocina para crear platos y comidas altos en colores y nutrientes. Comer sano es muy entretenido.

* * * * * * * * * * * * * * * * * * *

Cada día tenemos la opción de mover nuestros cuerpos dejando las pantallas y el sedentarismo de lado. Aprovecha de salir, correr y de moverte al aire libre. Así, estarás oxigenando tus células y desarrollando tus músculos.

* * * * * * * * * * * * * * * * * * *

ENTENDAMOS NUESTRO CUERPO

DISTINTOS TIPOS DE ORGANISMOS

Todos los seres vivos están formados por una o más células, y se clasifican en:

* Organismos unicelulares: están formados por una célula, como las bacterias y algunos hongos.

* Organismos pluricelulares: están formados por muchas células diferentes, como las plantas y animales.

Cerebro

NEURONAS

Corazón

MÚSCULO CARDÍACO

TENEMOS MUCHAS CÉLULAS

El cuerpo humano tiene más de 10 mil millones de células, cada una con una función muy específica. Somos pluricelulares.

SIEMPRE CAMBIANDO

El cuerpo siempre está cambiando. Cada día eliminamos mil millones de células y las reemplazamos con células nuevas. Nos renovamos en un 100% cada 7 años aproximadamente. Y para poder hacer eso, necesitamos entregarles a las células nutrientes de calidad.

Médula ósea

CÉLULAS SANGUÍNEAS

Piel

CÉLULAS DE LA PIEL

SISTEMA DIGESTIVO

Tu sistema digestivo se encarga de transformar los alimentos en unidades más sencillas, las que viajan a través de la sangre para nutrir tu cuerpo.

1. Boca

Aquí se mastican, se trituran y se mezclan los alimentos con la saliva.

2. Esófago

Por aquí pasan los alimentos triturados.

3. Estómago

Comienza la reducción de la comida a partículas más pequeñas. Algunos alimentos pasan rápidamente por este proceso (frutas) y otros demoran más (carnes rojas).

4. Intestino delgado

Aquí ocurre la absorción de nutrientes, para entrar al flujo sanguíneo.

5. Intestino grueso (Colon)

Llegan los alimentos que no fueron digeridos (fibra). Las bacterias ayudan a descomponer estos restos y los convierten en heces.

Hígado y Vesícula biliar

Participan en el proceso digestivo entregando enzimas y bilis.

La comida se demora 6 a 8 horas para pasar por el estómago e intestino delgado y puede quedarse más de un día en el intestino grueso. En total los alimentos pueden demorarse entre 24 a 72 horas para pasar por el proceso digestivo completo.

MILES DE BACTERIAS

VIVEN EN NOSOTROS

Las bacterias son microorganismos unicelulares y microscópicos, que pueden vivir en tierra, agua, plantas, animales y humanos. Tenemos muchas bacterias viviendo en nosotros.

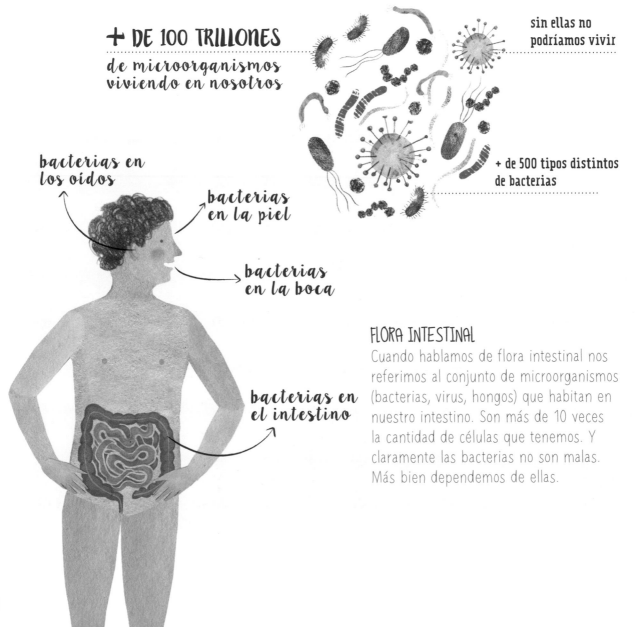

+ DE 100 TRILLONES
de microorganismos
viviendo en nosotros

sin ellas no
podríamos vivir

+ de 500 tipos distintos
de bacterias

bacterias en
los oídos

bacterias
en la piel

bacterias
en la boca

bacterias en
el intestino

FLORA INTESTINAL

Cuando hablamos de flora intestinal nos referimos al conjunto de microorganismos (bacterias, virus, hongos) que habitan en nuestro intestino. Son más de 10 veces la cantidad de células que tenemos. Y claramente las bacterias no son malas. Más bien dependemos de ellas.

AL NACER

Dentro del útero materno
no tenemos bacterias.
Las adquirimos al nacer.
Desde el tercer día de vida
la composición de la flora
intestinal depende casi
al 100% de lo que se come.

A LOS TRES AÑOS

La flora intestinal empieza a
estabilizarse. Y desde esa edad
puedes empezar a comer de
todo ya que tienes las
herramientas (bacterias)
para ayudarte a procesar
distintos tipos de alimentos.

"TODA ENFERMEDAD EMPIEZA EN EL INTESTINO"

Lo que dijo Hipócrates hace miles de años sigue vigente hoy día. Tener
una flora intestinal equilibrada es muy importante para mantener un
sistema digestivo sano y prevenir enfermedades

BACTERIAS DEL INTESTINO

Tener un equilibrio entre los microorganismos
del intestino grueso y una mayor diversidad
en las bacterias de la flora intestinal es
fundamental para la salud de las personas.
Algunas bacterias son malas y pueden
causar enfermedades, pero la mayoría son
buenas. Las bacterias del intestino llamadas
probióticos proveen nutrientes (vitaminas),
facilitan la digestión y forman la base de
nuestro sistema inmune.

¿ES BUENO TOMAR ANTIBIÓTICOS?

Si tienes una enfermedad bacterial, como
sinusitis, bronquitis o faringitis, puedes
tomar antibióticos. Sin embargo, tomar en
exceso no es bueno para la salud, pues
esos remedios se encargan de matar todas
las bacterias (buenas y malas), y provocan un
desequilibrio en la flora intestinal.

Se recomienda tomar yogurt (uno al día) o
probióticos en suplemento cuando se toma
antibióticos, para
mantener tu flora
intestinal sana
y equilibrada.

INTESTINO, SEGUNDO CEREBRO

Al intestino le dicen el segundo cerebro porque aquí se producen muchos neurotransmisores que transportan información importante al cerebro.

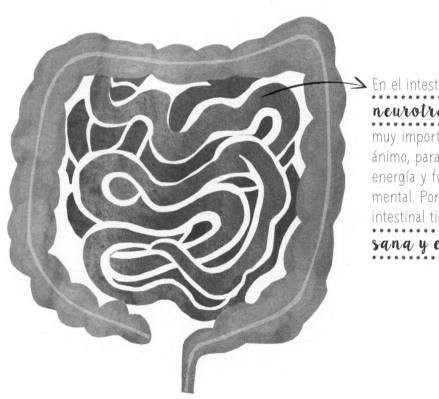

En el intestino se fabrican
neurotransmisores
muy importantes para el ánimo, para tus niveles de energía y funcionamiento mental. Por esto, la flora intestinal tiene que ser
sana y equilibrada.

Cuando dejas pasar mucho tiempo sin comer, es probable que tu intestino no tenga los nutrientes suficientes para fabricar esos neurotransmisores. Eso puede generar cierto nivel de irritabilidad.

¿QUÉ PUEDO HACER PARA MEJORAR MI FLORA INTESTINAL?

Lo más importante es comer gran diversidad de:

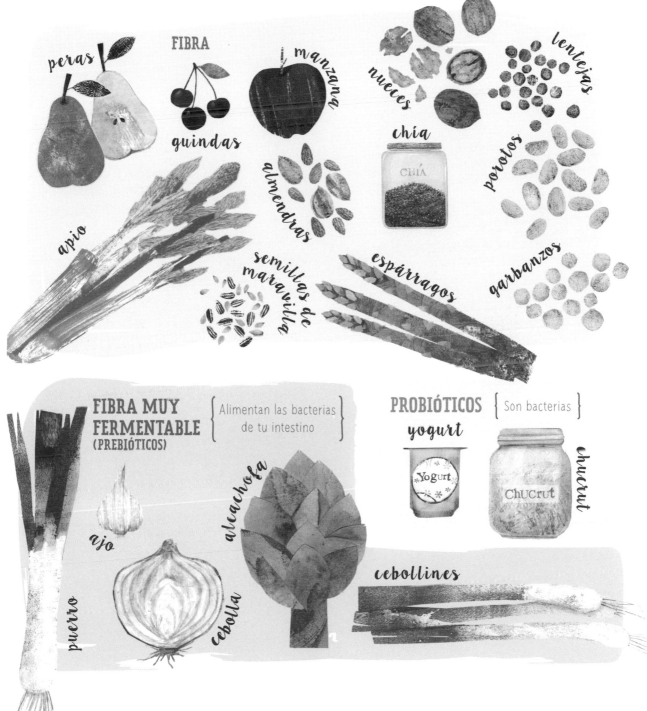

FIBRA

peras

guindas

manzana

nueces

lenteias

chía

CHÍA

porotos

almendras

apio

semillas de maravilla

espárragos

garbanzos

FIBRA MUY FERMENTABLE (PREBIÓTICOS) { Alimentan las bacterias de tu intestino }

PROBIÓTICOS { Son bacterias }

yogurt

Yogurt

chucrut

Chucrut

ajo

alcachofa

puerro

cebolla

cebollines

NUTRIENTES

¿QUÉ ES UN NUTRIENTE?

Es una sustancia contenida en los alimentos que no puede ser creada por el organismo y que es indispensable para el buen funcionamiento de tu cuerpo. En otras palabras, es algo que tenemos que entregarle al cuerpo a través de la alimentación.

Huevo
proteína, grasa, colina, selenio, vitamina B2, vitamina B12

Champiñones
carbohidrato, proteína, omega-6, fibra, potasio, fósforo, vitamina B2

Espinacas
fibra, carbohidrato, vitamina A, vitamina K, magnesio, calcio, vitamina C

Arvejas
proteína, fibra, vitamina C, manganeso, fósforo

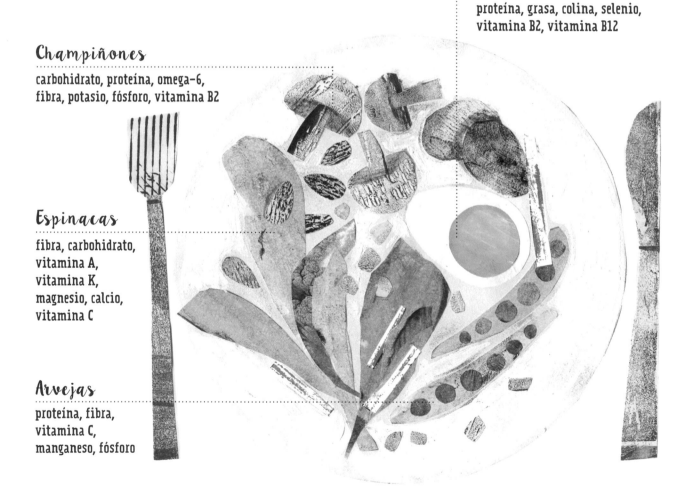

Los grupos de nutrientes esenciales que necesita tu cuerpo son los siguientes:

AGUA

MACRONUTRIENTES

carbohidratos

grasas

proteínas

MICRONUTRIENTES

minerales

vitaminas

* *

LA CLAVE DE UN CORRECTO DESARROLLO, TANTO FÍSICO COMO MENTAL, ES UNA ALIMENTACIÓN VARIADA Y EQUILIBRADA Y, SOBRE TODO, EN CANTIDADES ADECUADAS.

* *

Lo que comes es muy importante a lo largo de tu vida, pues el cuerpo nunca deja de renovarse. Pero la infancia y la pubertad son las dos etapas de mucho crecimiento. Por eso las necesidades de nutrientes de calidad son aún más importantes en niños y adolescentes.

AGUA

El agua es imprescindible para los humanos, plantas y animales. Sin agua no habría vida en la tierra.

El agua es muy importante para nuestro cuerpo porque:

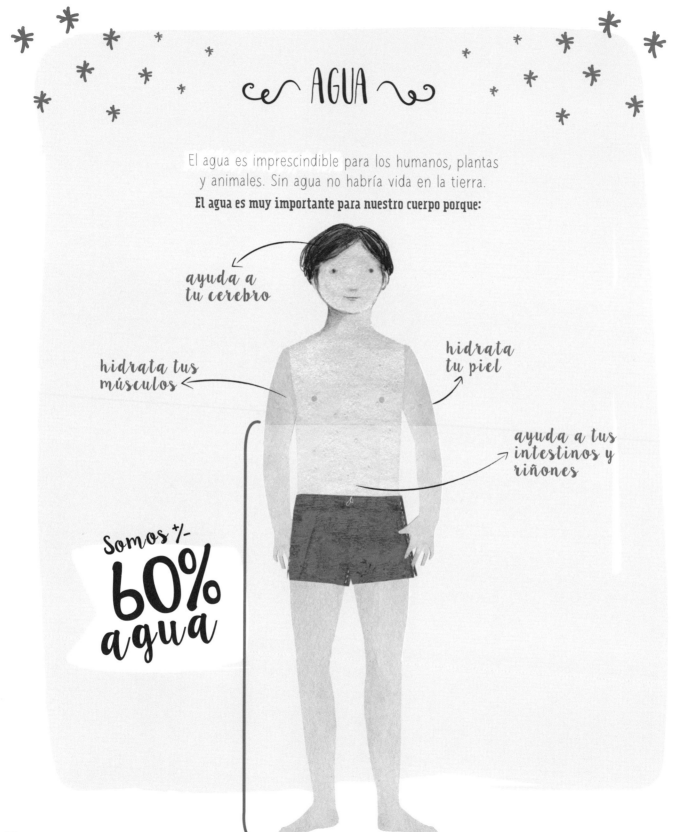

ayuda a
tu cerebro

hidrata tus
músculos

hidrata
tu piel

ayuda a tus
intestinos y
riñones

Somos +/-
**60%
agua**

TODOS SOMOS AGUA

* *

Como todos los organismos vivos, tu eres principalmente agua. Entre
más jóven eres, tu cuerpo tiene más agua en proporción a tu tamaño.

* *

La mayoría del agua en tu cuerpo
se encuentra en tus células: en tu
sangre, tus huesos, tus órganos
y tu piel. Tus células no pueden
funcionar bien sin agua, y la van
perdiendo constantemente.

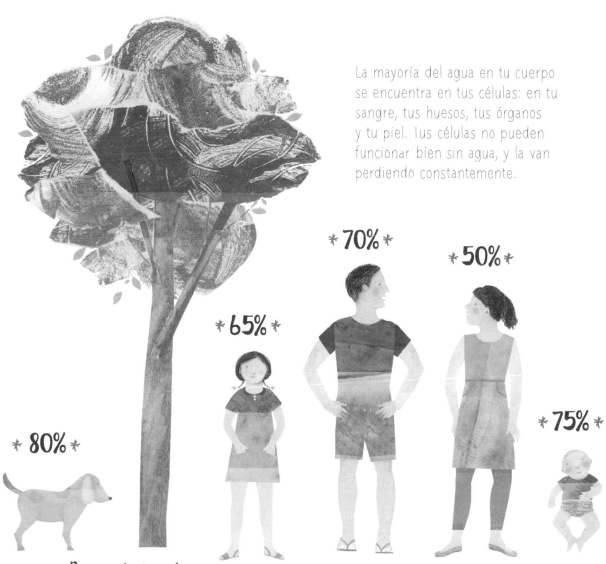

Porcentajes de agua

RECURSO NATURAL

El agua es un recurso natural que no tiene color, olor ni sabor. Tampoco contiene calorías, pero sí tiene muchos minerales importantes para la salud como, calcio, potasio, sodio, zinc, y muchos otros minerales dependiendo de la tierra de donde se extrajo.

Cuidado ya que en algunas partes, el agua tiene demasiados minerales, incluyendo algunos nocivos para la salud, como el arsénico.

CÚANTO TOMAR

Se habla de la importancia de tomar un mínimo de 2 litros diarios, pero es difícil determinar exactamente cuánta agua tomar ya que depende de muchos otros factores:

La mayoría de las frutas y verduras contiene mucha agua, por lo que al comerlas estarás indirectamente tomando agua.

Ciertas enfermedades exigen que tomes más o menos agua de lo normal.

Si haces mucho deporte, necesitas tomar más agua.

Si vives en clima muy caluroso, es importante hidratarse más.

Si hay mucha humedad ambiental, toma más agua.

Existen distintas aplicaciones para smartphone que te recuerdan que tienes que tomar agua:

* Dailywater
* Hydrocoach
* Drink water reminder

¿AGUA EN LOS ALIMENTOS?

La gran mayoría de los alimentos contiene agua.

100 gramos de...

pechuga de pollo

contiene 68 gramos de agua.

frutillas

contienen 91 gramos de agua.

palta

contiene 73 gramos de agua.

En otras palabras, si comes alimentos con un gran contenido de agua, ya no tendrás que tomar tanta agua...

DALE OTRO SABOR

Si el agua sola no le atrae mucho, puedes aromatizarla con frutillas, menta, limón, damasco o cualquier fruta de temporada.

< < < Aguas aromatizadas > > >

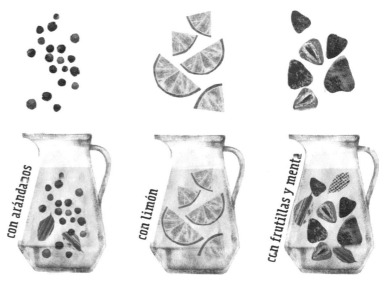

con arándanos

con limón

con frutillas y menta

También puedes tomar té o infusiones tanto helados como calientes.

{ Ojo: ¡El café deshidrata! }

MACRONUTRIENTES

¿QUÉ SON?

Los macronutrientes son nutrientes que aportan calorías (energía). Los seres humanos necesitamos energía para vivir, y esa energía la sacamos, la creamos y la transformamos de los alimentos que comemos.

Todo lo que comes contiene calorías:

leche entera

250 ml.

146 calorías

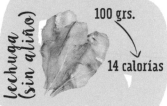

lechuga (sin aliño)

100 grs.

14 calorías

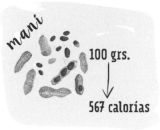

maní

100 grs.

567 calorías

El metabolismo no es constante, y se ve afectado por numerosos factores (como el estrés y la falta de sueño). Puede variar dependiendo de nuestra actividad física, de cuánto nos movemos y de nuestra actividad mental (así es, el cerebro es un gran consumidor de calorías).

Macro significa grande y eso implica que los necesitamos en grandes cantidades.

TU CUERPO NO ES UNA CALCULADORA

Ojalá nuestro cuerpo fuera una calculadora, sumando y restando calorías ingeridas y gastadas. De esa manera, los problemas de peso serían inexistentes. Pero la realidad del cuerpo humano es más compleja, y cada alimento gatilla distintas hormonas. Algunas nos hacen engordar, otras nos hacen adelgazar. En un cuerpo con un sistema hormonal equilibrado, la obesidad no existe.

¿SON MALAS LAS CALORÍAS?

No, no son malas, pues sin ellas no podrías hacer nada, ni levantarte, bailar, respirar, caminar, soñar, etc.

Ahora, más que la cantidad de calorías que comes, lo más importante es la calidad de las calorías ya que cada tipo de macronutriente gatilla distintos tipos de hormonas, con consecuencias bien distintas para tu cuerpo y tu peso.

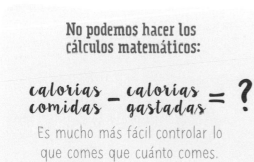

No podemos hacer los cálculos matemáticos:

$$\frac{calorías}{comidas} - \frac{calorías}{gastadas} = \text{?}$$

Es mucho más fácil controlar lo que comes que cuánto comes.

¡Elige alimentos altos en nutrientes y aléjate de las calorías vacias, que solo aportan calorías y ningún otro nutriente!

Un vaso de bebida (330cc.)

Nada más: CALORÍAS VACÍAS

110 KCalorías
Azúcar: 30 gr

Taza de frutillas (150grs.)

49 KCalorías
Azúcar: 7 gr.
Vitaminas: folato, colina, vitamina C, vitamina K.
Minerales: magnesio, potasio, manganeso, hierro, fósforo
Fibra

Una taza de frutillas te aporta nutrientes fundamentales para tu cuerpo, mientras una lata de bebida solo te aporta calorías vacías.

TIPOS DE MACRONUTRIENTES

Los macronutrientes son:

CARBOHIDRATOS	GRASAS	PROTEÍNAS
4 kcalorías/gramo	9 kcalorías/gramo	4 kcalorías/gramo

Los clasificamos en función de la mayor proporción de uno de los macronutrientes:

CARBOHIDRATOS: Las pastas se consideran carbohidratos pero también contienen grasas y proteínas.

pastas

GRASAS:

paltas

Las paltas se categorizan como grasas pero también contienen carbohidratos y proteínas.

PROTEÍNAS:

pollo

huevos

El pollo y los huevos se categorizan como proteínas, aunque también contienen grasas.

Mientras que cada macronutriente aporta calorías/energía, la cantidad de calorías que cada uno entrega no es la misma. La función principal de los carbohidratos es entregar energía (calorías) mientras las proteínas y grasas tienen funciones más estructurales para el cuerpo.

ALIMENTO COMPLETO, ¿EXISTEN?

Algunos alimentos contienen los 3 macronutrientes en forma más o menos equilibrada, lo que complica su clasificación. Por eso se habla de alimento "completo."

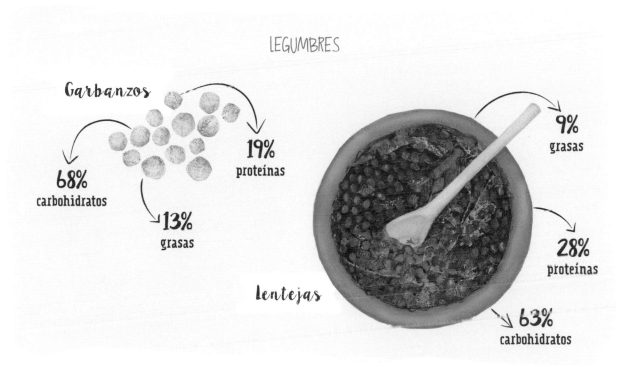

LEGUMBRES

Garbanzos

68%
carbohidratos

19%
proteínas

13%
grasas

9%
grasas

28%
proteínas

63%
carbohidratos

Lentejas

Los frutos secos y las semillas también son una excelente fuente de proteína y grasa junto con fibra, minerales y otros nutrientes fundamentales.

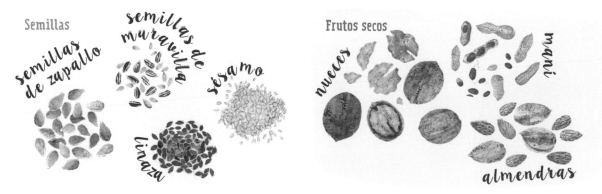

Semillas

semillas de zapallo

semillas de maravilla

sésamo

linaza

Frutos secos

nueces

maní

almendras

✳✳✳✳✳✳✳✳ Carbohidratos ✳✳✳✳✳✳✳✳

(4kcal / gramos)

LOS CARBOHIDRATOS SON BUENOS

Los carbohidratos son indispensables para una dieta variada y equilibrada. Son principalmente de origen vegetal (los productos lácteos son los únicos carbohidratos del mundo animal) y su función es entregar energía al cuerpo para que puedas moverte, pensar y funcionar correctamente a lo largo del día.

Los carbohidratos son básicamente diferentes combinaciones de los 3 azúcares simples (glucosa, galactosa y fructosa) vinculadas entre sí en polímeros.

Existen carbohidratos simples (polímeros con 1 o 2 azúcares) y complejos (polímero con más de 3 azúcares):

SIMPLES:

Son de rápida absorción y entregan energía en forma inmediata. Hay buenos carbohidratos simples como la glucosa o la fructosa que se encuentran en la fruta o en la miel, o la lactosa que se encuentra en la leche. Hay carbohidratos simples no tan buenos, como los que están en los alimentos procesados y refinados (dulces, bebidas, galletas).

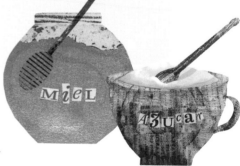

COMPLEJOS:

Contienen almidón y fibra, y son de absorción lenta entregando energía en forma gradual. Entregan saciedad y ayudan a controlar los niveles de azúcar en la sangre. Además, son ricos en fibra, vitaminas y minerales.

✳✳✳✳✳✳✳✳✳✳✳✳✳✳✳✳✳✳✳✳✳✳✳✳✳✳

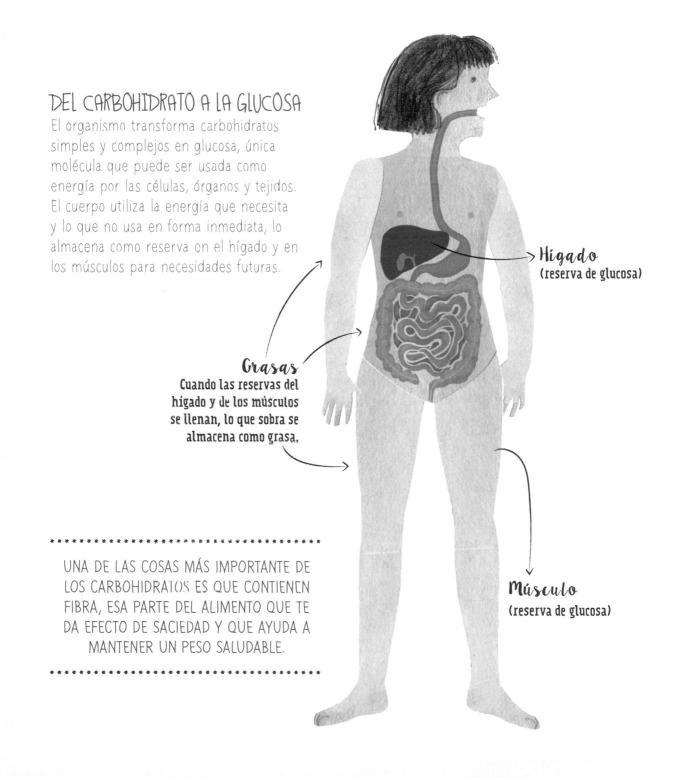

DEL CARBOHIDRATO A LA GLUCOSA

El organismo transforma carbohidratos simples y complejos en glucosa, única molécula que puede ser usada como energía por las células, órganos y tejidos. El cuerpo utiliza la energía que necesita y lo que no usa en forma inmediata, lo almacena como reserva en el hígado y en los músculos para necesidades futuras.

Hígado
(reserva de glucosa)

Grasas
Cuando las reservas del hígado y de los músculos se llenan, lo que sobra se almacena como grasa.

Músculo
(reserva de glucosa)

* *

UNA DE LAS COSAS MÁS IMPORTANTE DE LOS CARBOHIDRATOS ES QUE CONTIENEN FIBRA, ESA PARTE DEL ALIMENTO QUE TE DA EFECTO DE SACIEDAD Y QUE AYUDA A MANTENER UN PESO SALUDABLE.

* *

¡LAS FRUTAS Y VERDURAS SON LOS MEJORES CARBOHIDRATOS QUE PUEDES COMER!

CARBOHIDRATOS CON FIBRA

La fibra se encuentra en los carbohidratos complejos y no contiene calorías. Es la parte de los alimentos de origen vegetal que no es digerida y absorbida en el intestino delgado, y llega intacta al colon (intestino grueso), donde es fermentada por la flora bacteriana. Luego se evacua junto con otros residuos.

higos

alcachofa

plátanos

zapallo

frutillas

guindas

apio

porotos

manzana

zanahoria

arroz integral

pimentón

coliflor

camotes

lentejas

mandarina

brócoli

La fibra tiene una función importante pues ayuda al buen funcionamiento del sistema digestivo, acelera el tránsito intestinal, previene la constipación, regula el colesterol, crea un efecto de saciedad, y previene varias enfermedades (cardiovasculares, cáncer de colón, mama y pulmón).

naranja

tomate

pomelo

sandia

berenjena

espárragos

panes integrales

arándanos

poroto verde

peras

betarraga

piña

garbanzos

espinaca

limones

avena

AVENA

mango

¿QUÉ PASA CON EL AZÚCAR?

En una dieta equilibrada, el azúcar (o glucosa) no es un problema para la salud. De hecho, es fundamental pues entrega energía para el funcionamiento de las células.

Todos los carbohidratos se descomponen en glucosa (azúcar) para poder ser usados por las células. A medida que el nivel de azúcar en la sangre aumenta, el páncreas libera una hormona llamada insulina, necesaria para transportar el azúcar a las células, donde puede utilizarse como fuente de energía. Básicamente, la insulina es como un "camión" que entrega la glucosa a tus células para que puedas correr, pensar y aprender.

manzana
pastas
glucosa
insulina
célula

EL PROBLEMA ES QUE HOY CORRE DEMASIADA AZÚCAR EN LA SANGRE. Primero, comemos más que antes. Y además comemos muchos más carbohidratos y poca fibra.

La fibra es fundamental para que la glucosa entre más lento en tu sangre.

Lo peor es que altos niveles de insulina impiden que tu cerebro reciba la señal de saciedad, así que sigues comiendo pensando que estás muerto de hambre.

¿Por qué encontramos tanta azúcar en la sangre?
Hay muchos alimentos que contienen azúcar y no es fácil leer las etiquetas de los productos porque el azúcar tiene muchos nombres:
jugo de caña / miel de caña / miel de maíz / jarabe de maíz de alta fructosa / azúcar de repostería / azúcar morena / dextrosa / fructosa / sacarosa / concentrados de jugos de frutas / glucosa / azúcar invertida / maltosa / miel de malta / sucrosa / néctar de agave y mucho más.

EL AZÚCAR EN GRAN CANTIDAD ES NOCIVO Y ADEMÁS ES MUY ADICTIVO, MÁS QUE LA COCAÍNA Y EL CIGARRO.

ALIMENTOS DONDE
EL AZÚCAR SE
PUEDE ESCONDER

yogurt con fruta

papas fritas

jugo

kétchup

pizza

cereales

salsa soya

barras de cereales

pan de molde

El 80% de lo que se vende en supermercados tiene alguna forma de azúcar

<< ALGUNAS RECOMENDACIONES >>

Para bajar la cantidad
de azúcar que comes:

Toma agua,
en vez de bebidas
y jugos.

Come una fruta
entera en vez
de jugo, pues
tiene fibra.

Acostumbra a tu cuerpo a
no comer tan dulce.

Trata de combinar carbohidratos
con proteínas y grasas pues
ayuda a que el azúcar entre en
forma más lenta en la sangre.

OJO con los endulzantes artificiales.
Es verdad que no contienen calorías
(o muy muy pocas) pero muchos tienen
efectos no deseados para la salud y al
igual que el azúcar estimulan la insulina.

Si vas a endulzar tu yogurt o té,
hazlo con miel, estevia o azúcar no
refinada. Y hazlo con moderación.

Miel: Además de endulzar,
la miel contiene varios
minerales y vitaminas que
tu cuerpo necesita.

Estevia: Contiene nutrientes
como fibra, minerales
y vitaminas.

********** Proteínas **********

(4kcal / gramos)

LADRILLOS

Las proteínas son el ingrediente estructural principal de nuestras células y tejidos. Aproximadamente el 16% de nuestro cuerpo está compuesto de proteínas. Son los verdaderos ladrillos de nuestro cuerpo.

Las proteínas son importantes para:

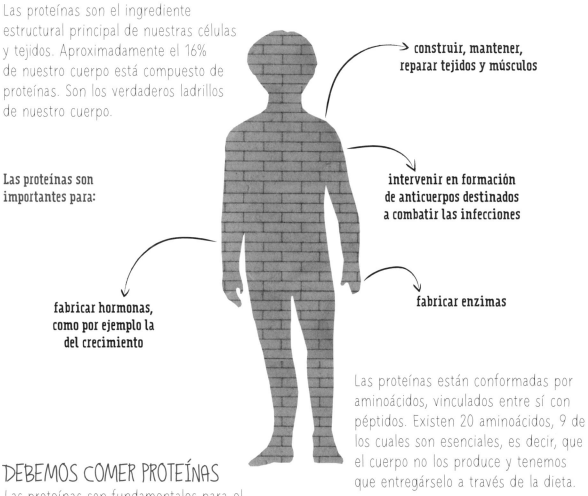

construir, mantener, reparar tejidos y músculos

intervenir en formación de anticuerpos destinados a combatir las infecciones

fabricar hormonas, como por ejemplo la del crecimiento

fabricar enzimas

Las proteínas están conformadas por aminoácidos, vinculados entre sí con péptidos. Existen 20 aminoácidos, 9 de los cuales son esenciales, es decir, que el cuerpo no los produce y tenemos que entregárselo a través de la dieta.

DEBEMOS COMER PROTEÍNAS

Las proteínas son fundamentales para el crecimiento, por lo que nunca deben faltar en la dieta diaria. Los niños y adolescentes necesitan más proteínas en relación a su peso, que los adultos.

****

PROTEÍNAS COMPLETAS

Cuando se habla de una proteína completa, es porque incluye los 9 aminoácidos esenciales. Las proteínas animales siempre lo son, pero solo algunas plantas contienen esos 9 aminoácidos, como la soya, quinoa y espirulina. Los vegetarianos a veces combinan 2 tipos de proteínas vegetales como porotos y arroz para lograr así una proteína completa.

PROTEÍNAS ANIMALES

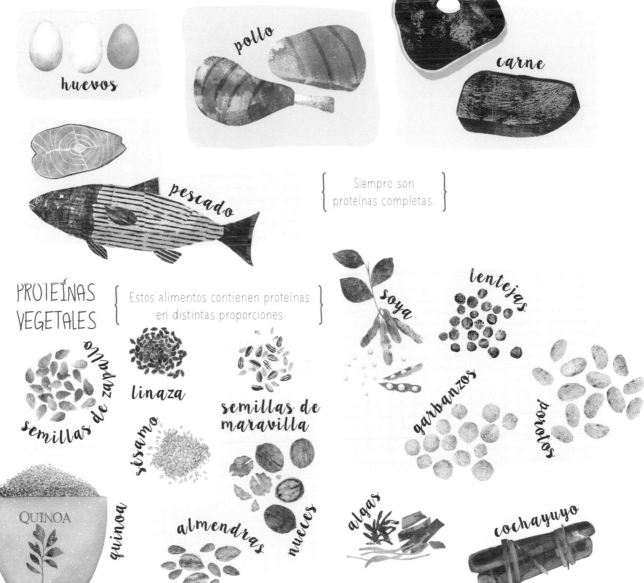

huevos

pollo

carne

pescado

{ Siempre son proteínas completas. }

PROTEÍNAS VEGETALES { Estos alimentos contienen proteínas en distintas proporciones }

soya

lentejas

semillas de zapallo

linaza

semillas de maravilla

garbanzos

porotos

QUINOA

quinoa

sésamo

almendras

nueces

algas

cochayuyo

********** Grasas **********

(9kcal / gramos)

Las grasas son parte fundamental de una alimentación sana y equilibrada, y es necesario consumir grasas en todas las etapas de la vida, especialmente a temprana edad cuando los niños están en pleno desarrollo. Las grasas contribuyen a la textura, gusto, sabor y aroma de la comida.

Las grasas no son malas como muchos piensan y tienen muchas funciones, tales como:

son importantes para el desarrollo del cerebro y del sistema nervioso

gatillan la secreción de una hormona del estómago que le dice al cerebro que hay saciedad

envuelven los órganos vitales para protegerlos de posibles contusiones y actúan como protectoras del cuerpo cuando las temperaturas son bajas

permiten la absorción de vitaminas y la producción de hormonas

permiten la formación de las membranas de las células

son una reserva de energía para el cuerpo

No todas las grasas son iguales. Las que son malas son las frituras y las grasas trans. Además, su consumo excesivo (al igual que el de carbohidratos) puede causar enfermedades como obesidad, diabetes, hipertensión o problemas cardiovasculares.

Comer grasas buenas no te hace engordar. Más bien son el azúcar y los carbohidratos refinados sin fibra los que te hacen engordar.

****

Las grasas se dividen en tres grupos:

GRASAS SATURADAS
Permanecen en estado sólido a temperatura ambiente. Provienen en su mayoría de alimentos animales, pero también de algunos alimentos vegetales como el aceite de palma o el aceite de coco.

GRASAS INSATURADAS
A temperatura ambiente suelen estar en estado líquido (aceites vegetales) Son más inestables y sensibles a cambios de temperatura y luz. Hay 8 ácidos grasos esenciales, los que se dividen entre los Omega-3 y los Omega-6, ambos ácidos grasos poliinsaturados. Se dice "esencial" porque el organismo no es capaz de sintetizarlos y debemos introducirlo a través de la dieta.

GRASAS TRANS
Son grasas no naturales fabricadas por el hombre al hidrogenar aceites vegetales, transformándolas de grasas insaturadas a saturadas. Son mucho más perjudiciales que las grasas saturadas. Se encuentran en alimentos procesados y duran meses o años ya que las grasas trans permiten alargar su vida útil.

MICRONUTRIENTES

¿QUÉ SON?

Los micronutrientes son sustancias químicas que se comen en pequeñas cantidades y permiten regular los procesos metabólicos y bioquímicos de nuestro organismo.

¡¡NO ENERGÉTICOS!!

Los micronutrientes son nutrientes no energéticos, es decir, no contienen calorías. Se clasifican en: vitaminas y minerales. Se necesitan en cantidades muy pequeñas, de ahí la palabra micro (hablamos de mg). Pero son igual de importante que los macronutrientes para tu cuerpo.

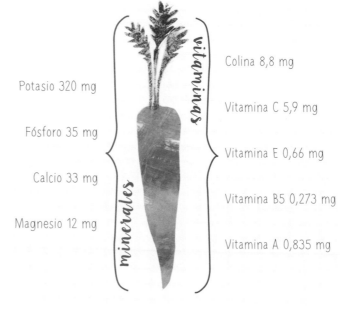

Potasio 320 mg

Fósforo 35 mg

Calcio 33 mg

Magnesio 12 mg

minerales

vitaminas

Colina 8,8 mg

Vitamina C 5,9 mg

Vitamina E 0,66 mg

Vitamina B5 0,273 mg

Vitamina A 0,835 mg

Potasio 239 mg

Sodio 103 mg

Calcio 14 mg

Hierro 1,09 mg

Cobre 0,093 mg

minerales

vitaminas

Colina 87,4 mg

Vitamina B6 0,616 mg

Vitamina E 0,07 mg

Vitamina A 0,012 mg

Vitamina B12 1,02 µg

VITAMINAS Y MINERALES

Son grupos de sustancias fundamentales para el funcionamiento celular, el crecimiento, la regulación del metabolismo, la formación de huesos, la producción de hormonas y la regulación de los latidos cardíacos, entre otros.

UNA CASA

Si imaginas que tu cuerpo es una casa, las vitaminas son las personas que ordenan la casa, que prenden y apagan las luces, que se aseguran que las ventanas están cerradas para que la calefacción no se escape. Mientras que los minerales son más estructurales ya que ayudan a sostener la estructura de la casa y que la calefacción funcione.

PROPIEDADES ANTIOXIDANTES

Algunos micronutrientes además tienen propiedades antioxidantes, lo que significa que neutralizan los radicales libres y frenan el proceso de oxidación. Por ejemplo, la vitamina A, C y E, y selenio tienen esa capacidad.

Suplementos multivitamínicos:
Siempre es mejor que las vitaminas y minerales se obtengan a través de la alimentación, pero en algunos casos, necesitamos apoyar con suplementos multivitamínicos que contienen las vitaminas y minerales importantes para un buen funcionamiento del cuerpo. Las necesidades son diferentes en las distintas etapas de la vida, por lo que hay multivitamínicos especiales para cada edad.

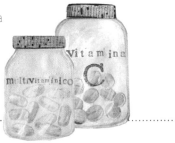

✳✳✳✳✳✳✳✳✳✳ Vitaminas ✳✳✳✳✳✳✳✳✳✳✳

Las vitaminas descubiertas hasta ahora son 13, las que
están clasificadas como indispensables para el cuerpo.

COMER LAS VITAMINAS

Comer frutas y verduras crudas es la mejor forma de ingerir las vitaminas. Estas son muy
vulnerables a cambios. Se ven afectadas por la temperatura y luz que reciben, por eso el tipo
cocción y almacenamiento son muy relevantes.

Cocer las verduras al vapor, al sartén
o al horno son la mejor manera
de preservar las vitaminas
y otros nutrientes. Pero
si cocinas las verduras
en agua, éstas diluirán
todas sus propiedades.

Las frutas y verduras
congeladas son una buena
opción. Muchas veces contienen
los mismos o más nutrientes
que las verduras y frutas frescas
ya que se cosechan en el
momento óptimo.

Vitamina A:
Buena para la visión, piel,
huesos y otros tejidos del
cuerpo. Antioxidante.

zanahoria   zapallo   brócoli

✳✳✳✳✳✳✳✳✳✳✳✳✳✳✳✳✳✳✳✳✳✳✳✳✳✳✳✳

Vitamina C:

Es una vitamina imprescindible para el desarrollo y crecimiento, ayudando a la reparación de los tejidos, y a la formación de colágeno. También funciona como antioxidante, contribuyendo a prevenir el daño de los radicales libres, y puede ayudar a combatir los resfríos. Necesitamos ingerir alimentos con vitamina C todos los días porque no la podemos almacenar en el cuerpo. Se encuentra principalmente en frutas y verduras.

coliflor

tomate

pomelo

Vitamina E:

Gran antioxidante.

almendras

semillas de maravilla

palta

camotes

aceite de oliva

Vitamina D:

Es conocida como la "vitamina del sol" debido a que el cuerpo la produce luego de la exposición al sol. Son pocos los alimentos que la contienen en cantidades suficientes.

yema de huevo

quesos

pescados

Vitamina K:

Importante para los huesos y para tener un corazón y cerebro saludables y sanos.

kale

espárragos

coliflor

espinaca

Vitamina B12:

Ayuda a mantener sanas las neuronas y los glóbulos rojos. Mejora el metabolismo.

yogurt

pollo

carne

Los vegetarianos son deficientes de esta vitamina ya que está principalmente presente en el mundo animal.

pescado

********** Minerales **********

Los minerales se encuentran en alimentos del mundo vegetal y animal. Solo 16 minerales se consideran como esenciales (de un total de más de 4.000). Algunos son: calcio, magnesio, zinc, sodio, hierro.

Tu cuerpo almacena minerales en los huesos y tejidos, así que tenemos una reserva propia de minerales.

Calcio:

Es el mineral más importante del cuerpo, almacenado principalmente en los huesos y en los dientes. Sirve para construir y mantener una estructura fuerte de los huesos y del esqueleto.

leche

sardina

sésamo

porotos

almendras

Pero el calcio tiene muchos otros beneficios: regula el ritmo cardíaco, ayuda en la funcionalidad muscular y de los nervios, regula la presión arterial y los niveles de colesterol, entre otras funciones. Se estima que el 2% de nuestro cuerpo es calcio. El magnesio ayuda a la absorción del calcio, así que esos dos minerales trabajan de la mano y debes mantener buenos niveles de ambos. Si bien tenemos calcio almacenado en los huesos, todos los días lo usamos por lo que debemos reponer nuestras reservas a través de la alimentación.

espinaca

****

Potasio:

Este mineral ayuda a mantener equilibrado los fluidos y electrolitos en el cuerpo. Contribuye también a que el corazón, los riñones, el cerebro y los músculos funcionen bien.

Magnesio:

Juega un papel importante en más de 300 reacciones químicas que mantienen el funcionamiento normal del cuerpo. Ayuda a la regulación del ritmo cardíaco, la formación de huesos y dientes, y la contracción y regulación muscular.

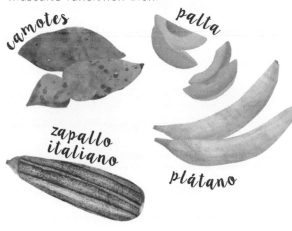

camotes

palta

zapallo italiano

plátano

kale

chocolate negro

rúcula

semillas de zapallo

¡¡ MENOS SAL!!

Se recomienda limitar la sal refinada, ya que tiene gran contenido de sodio y cloro (>97% de cloruro sódico) y es muy pobre en otros minerales.

La sal de mesa blanca proviene de la sal de mar, mediante un proceso de refinamiento que la transforma en una sustancia dañina. Ese tratamiento le saca todos los minerales (incluyendo el yodo), le agrega aditivos (incluyendo aluminio) para secarla, luego la calienta a altas temperaturas (alterando su estructura química), le añade yodo de vuelta (aparentemente no muy biodisponible), la estabiliza con dextrosa y la blanquea.

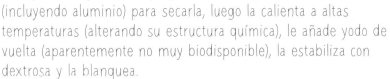

* Usa sal en su forma más natural y menos procesada posible. Sal de mar, sal del desierto (que no son blancas).

* La sal en exceso, sea refinada o no, puede causar enfermedades a nivel cardiovascular o de presión arterial.

* Evita consumir comidas envasadas que contengan mucha sal.

* No acostumbres a tus papilas gustativas a comer muy salado.

BRAINFOOD

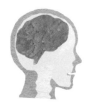

El cerebro es una masa de agua y grasa, del tamaño de 2 puños puestos uno al lado del otro, que contiene 100 mil millones de neuronas. Estas células están conectadas entre sí para comunicarse y traspasarse información.

Algunas funciones del cerebro son:

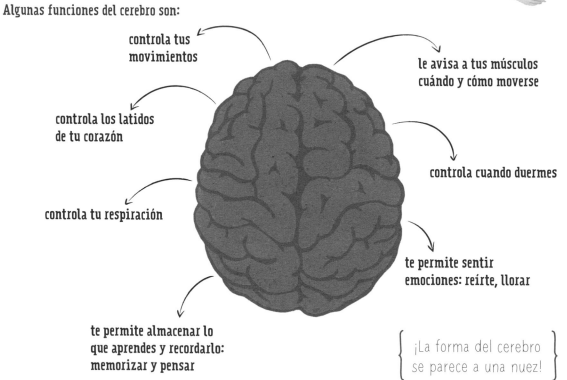

controla tus movimientos

le avisa a tus músculos cuándo y cómo moverse

controla los latidos de tu corazón

controla cuando duermes

controla tu respiración

te permite sentir emociones: reírte, llorar

te permite almacenar lo que aprendes y recordarlo: memorizar y pensar

¡La forma del cerebro se parece a una nuez!

CON PEQUEÑOS CAMBIOS EN TU ALIMENTACIÓN, PODRÁS ESTIMULAR EL DESARROLLO DE TU CEREBRO, MEJORAR SU FUNCIONAMIENTO, TU MEMORIA Y TU CONCENTRACIÓN.

PRIMEROS AÑOS

Durante los primeros años de vida, se generan la mayor cantidad de conexiones neuronales y se forma la arquitectura del cerebro. Es importante tanto una buena alimentación como una estimulación adecuada para desarrollar ese órgano a su máximo potencial.

AGUA PARA EL CEREBRO

El agua es necesaria para el buen funcionamiento del cerebro. Cuando sientes sed, significa que tu cerebro ya no está funcionando a su máxima potencia.

Si te duele la cabeza, toma agua, pues a veces es una señal de que tu cerebro lo requiere.

¿CÓMO SE ALIMENTA EL CEREBRO?

El cerebro se alimenta de distintos nutrientes que le llegan a través de la sangre, pero no tiene ninguna capacidad de almacenar reservas. Debes alimentarlo diariamente.

ALIMENTOS PARA EL CEREBRO

Consume una dieta balanceada en carbohidratos, proteínas, grasas, vitaminas y minerales.

arándanos

Vitamina C, K y alto en fibra. Protege tu cerebro del estrés.

romero

Protege el cerebro de la degeneración neuronal.

palta

Grasa monoinsaturada, vitamina K, C y folato. Alto contenido en proteína, y muy bajo contenido en azúcar.

cúrcuma

Antiinflamatorio. Ayuda a que proceses mejor la información y a mantener tu concentración.

Verduras de hojas verdes: vitaminas A y K.

kale

rúcula

Son muy buenos para tu cerebro pero también para tu intestino y tu sistema inmunológico.

apio

caldos Muy alto en colágeno y aminoácidos.

Alimento estrella para el ser humano, especialmente para el desarrollo del cerebro por su alto contenido en colina.

yema del huevo

Muchas vitaminas, minerales, antioxidantes.

nueces

Gran contenido en antioxidantes, vitaminas y minerales. Mejora tu lucidez.

avena

Es de lenta absorción y te mantiene despierto y concentrado por muchas horas.

aceite de coco

Suprime las células responsables de la inflamación.

Omega-3: ayuda a que el cerebro funcione en forma óptima y mejores tu memoria.

salmón

Antioxidantes y antiinflamatorio.

chocolate negro

(al menos 70% cacao)

Excelente para tu cerebro. Alto en vitamina K y colina. Con mucha vitamina C también y gran contenido de fibra.

brócoli

TAMAÑO DEL CEREBRO

Bebé: 350 - 400grs.
Adulto: 1,5 kilos
Perro: 100grs.
Gorila y chimpancé: 400 - 700grs.

* *

EL CEREBRO REPRESENTA EL 2%
DEL PESO CORPORAL TOTAL, PERO
REQUIERE EL 20% DE LA ENERGÍA
TOTAL QUE CONSUMES.

DETERIORO

El cerebro empieza a deteriorarse a
partir de los treinta años, haciéndose
más evidente después de los cincuenta.
Por eso es fundamental una buena
alimentación y el ejercicio mental
(crucigramas, aprender idiomas, sistema
operativos nuevos, etc.) para mantener
el cerebro estimulado.

HACER DEPORTE

Hacer deporte te hace más inteligente. Sí,
leíste bien, cuando haces una actividad
física, pasan muchas cosas en tu cerebro.
Le llega más sangre entregando oxígeno
y muchos nutrientes, se estimulan las
hormonas de crecimiento y se fortalecen
las conexiones entre neuronas. Resultados:
tu memoria mejora y tu capacidad de
aprender y de concentrarte también.

ACTIVIDAD FÍSICA

DESDE LOS ORÍGENES

Durante 2.5 millones de años nuestros antepasados viajaban 10 a 20 kilómetros diarios en promedio, corriendo en forma intensa para escapar de animales o para cazar uno. Moverse era parte de la vida, así como respirar y comer.

SEDENTARIOS

Hoy eso ha cambiado mucho. Estamos cada vez más sedentarios. Al menos un 60% de la población mundial no realiza la actividad física necesaria para mantener un cuerpo saludable. En América Latina la población es aún más sedentaria.

DALE MOVIMIENTO A TU VIDA

✱ Camina unas cuadras en vez de ir en auto o micro.

✱ Usa más la bicicleta.

✱ Jardinea.

✱ Ayuda en las tareas de la casa.

✱ Usa las escaleras en vez de la escalera mecánica.

El movimiento ayuda a que se oxigenen mejor tus células y que tu cuerpo funcione en forma más óptima.

SÍ AL DEPORTE

El deporte ayuda a quemar calorías y bajar de peso, pero la actividad física
es importante por muchas otras razones.

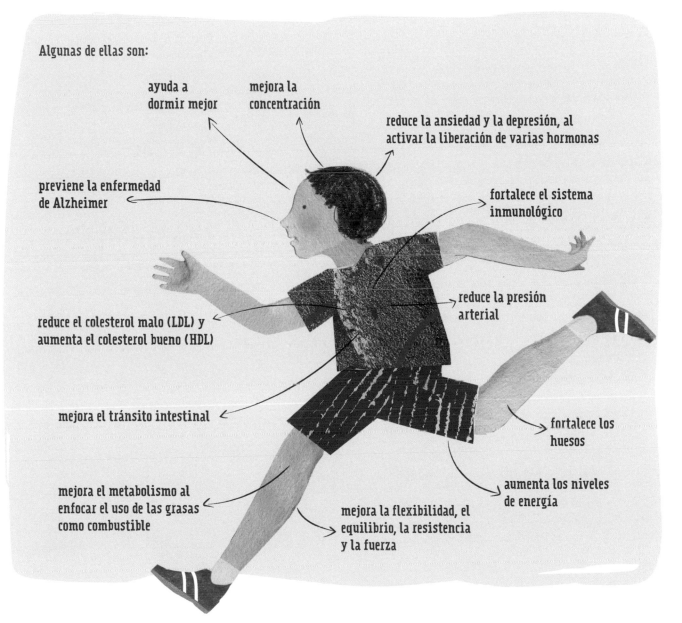

Algunas de ellas son:

ayuda a
dormir mejor

mejora la
concentración

reduce la ansiedad y la depresión, al
activar la liberación de varias hormonas

previene la enfermedad
de Alzheimer

fortalece el sistema
inmunológico

reduce la presión
arterial

reduce el colesterol malo (LDL) y
aumenta el colesterol bueno (HDL)

mejora el tránsito intestinal

fortalece los
huesos

aumenta los niveles
de energía

mejora el metabolismo al
enfocar el uso de las grasas
como combustible

mejora la flexibilidad, el
equilibrio, la resistencia
y la fuerza

IMPORTANCIA DE LA MASA MUSCULAR

Tener una buena masa muscular es fundamental desde que eres niño porque favorece el metabolismo. Después de los 30 o 40 años el metabolismo empieza a bajar y se comienza a perder masa muscular año tras año.

¿Por qué es tan importante tener músculos?

* * * * * * * * * * * * * * * * * * *

✳Queman al menos 3 veces más calorías que la grasa. Eso explica por qué una persona atlética puede comer mucho sin engordar nada.

* * * * * * * * * * * * * * * * * * *

✳Mejoran nuestra sensibilidad a la insulina.

* * * * * * * * * * * * * * * * * * *

✳Entregan energía ya que sus células tienen muchas mitocondrias.

* * * * * * * * * * * * * * * * * * *

✳Ayudan a fortalecer tus huesos.

No importa tanto tener un objetivo de cuantos kilos quieres pesar. Lo más importante es aumentar o mantener un buen porcentaje de masa muscular y poca grasa corporal para que tu cuerpo funcione bien.

Tanto la alimentación como el ejercicio tienen un impacto en esas métricas.

En la infancia, niños y niñas tienen el mismo porcentaje de grasa corporal. A partir de la adolescencia este porcentaje aumenta mucho en las mujeres.

Porcentaje de grasa corporal

	HOMBRES	MUJERES
Infancia	18%	18%
Adolescencia	16%	26% – 28%
Recomendación en la adultez	14% – 17%	21% – 24%

EJERCICIOS

Existen ejercicios específicos para aumentar masa muscular, como ejercicios de fuerza o de intervalos con intensidad de duración corta, y otros para bajar la grasa corporal, como el ejercicio cardiovascular de trote suave.

ALIMENTA TUS MÚSCULOS

Para que tu cuerpo use efectivamente la grasa corporal como fuente de energía, es importante mantener la glucosa en la sangre dentro de un rango bajo para así no gatillar un alza de insulina. Algunos alimentos que bajan tu grasa corporal y aumentan tu masa muscular son:

sandía

huevos

aceite de oliva

salmón

nueces

almendras

acelga

manzana

palta

quinoa

QUINOA

berries

pavo

brócoli

NUTRE TU PIEL

MÁS QUE GENÉTICA

Recibimos los genes de nuestros padres y madres. Eso incluye que el tipo de piel que tenemos tiene un factor genético no modificable. Sin embargo, muchos de nuestros comportamientos tienen un impacto en cómo se ve nuestra piel, resultando en pieles apagadas, pieles grasas con brotes de acné, inflamación de los vasos sanguíneos, entre otras cosas.

LO QUE COMES, IMPORTA

La comida tiene consecuencias en tu piel, pues afecta tus hormonas y puede empeorar el acné e inflamación de tu piel. Algunos dermatólogos dicen que tu alimentación es igual de importante que tus cremas.

ACNÉ

Durante la adolescencia, ocurren muchos cambios hormonales tanto en niños como en niñas, causando en algunas personas brotes de acné, a veces leves y otras severos. Y si bien no hay nada que hacer para saltarse esa fase llamada pubertad, sí se puede mitigar la ocurrencia eliminando ciertos alimentos y agregando otros.

<< TIPS PARA UNA PIEL SANA >>

✳Haz deporte y transpira

✳Duerme bien

✳Aliméntate bien

✳Toma agua

ALIMENTOS PARA TU PIEL

sandía

cúrcuma

linaza

espárragos

chía

té verde

alimentos fermentados

palta

avena

tomar mucha agua

ajo

pomelo

salmón

nueces

lechuga

berries

clara de huevo

acelga

kale

Verduras de hojas verdes: alto en vitaminas A y K.

Chucrut

chucrut

caldos

MALOS HÁBITOS PARA LA PIEL

Estrés

Fumar

Alcohol

Mucho sol

Dormir poco

PARA MEJORAR TU PIEL

Prueba eliminando lo siguiente:

Azúcar y comida chatarra

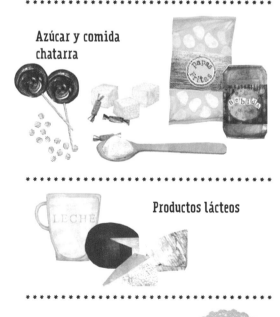

Productos lácteos

Alimentos con alto índice glicémico, como pan blanco, cereales procesados, arroz blanco, papas fritas y galletas.

EL AZÚCAR: ENEMIGO #1 DE LA PIEL

Además de ser causante de acné en piel grasa, la consecuencia más nociva para la piel se debe al proceso de glicación, mediante el cual el azúcar en la sangre se pega a proteínas del cuerpo para formar nuevas moléculas dañinas, las que, entre otras cosas, aceleran el proceso de envejecimiento. El colágeno y la elastina, fibras de proteínas que mantienen la piel firme y elástica, son unas de las más afectadas. Una vez dañados el colágeno y la elastina, la piel se vuelve más seca, quebradiza y débil, derivando en la aparición de arrugas y flacidez.

Obviamente no todos los problemas en la piel se deben a una mala alimentación, pero está claro que es uno de los factores claves.

EL PELO

Está formado principalmente por una proteína llamada queratina, la que también se encuentra en los dientes y uñas. Así como la piel se ve afectada por factores externos, lo mismo pasa con el pelo. Una mala alimentación puede causar que tu pelo esté seco, delgado y opaco.

UNA BUENA DOSIS DE NUTRIENTES LE DEVOLVERÁ FUERZA Y BRILLO A TU PELO.

pollo   PROTEÍNAS   huevos

GRASAS BUENAS como el Omega-3

salmón

VITAMINAS como la biotina, vitaminas A, C y E.

limones

zapallo

MINERALES como hierro, zinc y selenium.

alcachofa

champiñones

nueces

mandarina

garbanzos

semillas de zapallo

tomate

ALIMENTACIÓN EQUILIBRADA

Alimentarse bien es la clave para tener más energía, buena salud, una mente clara y un peso saludable.

TU PLATO DEBERÍA ESTAR COMPUESTO POR:

50% verduras
ojalá con fibra
(¡y te puedes repetir!)

25% granos integrales, camotes y/o legumbre

No importa si en una comida tu plato no es perfecto como en esta ilustración, lo importante es que cuando mires lo que comiste en el día o en la semana, las proporciones estén más o menos en el rango. Lo que siempre puedes hacer es tratar de incluir la mayor cantidad y diversidad de verduras posibles.

25% fuente de proteína
(pescado, pollo, carne o huevos. Soya o cochayuyo para vegetarianos)

En cada comida, tienes en tus manos el poder de escoger lo que le entregas a tu cuerpo.

ORGANIZA TU DÍA-ORGANIZA TU SEMANA

Parte el día con un desayuno equilibrado que te entregue saciedad hasta el almuerzo. Tus almuerzos y comidas/cenas son similares. Solo hay que tratar de comer menos cantidad en las noches y, al menos, tratar de comer 2 horas antes de acostarse para que el cuerpo pueda digerir bien tranquilamente.

IDEAS DE ALMUERZO/CENA

LUNES

Lentejas acompañadas de una ensalada (lechuga, zanahoria rayada, palta).

MARTES

Salmón con palta, brócoli y quinoa.

MIÉRCOLES

Omelette con champiñones, tomate y queso.

JUEVES

Pollo con arroz integral y verduras salteadas.

VIERNES

Garbanzos con una ensalada de tomates y cebollas.

SÁBADO

Gran ensalada con hojas verdes de distintos tipos (kale, lechuga, espinaca), tomate, palta, pollo en cubitos, frutos secos tostados, acompañado de un pure de camote.

DOMINGO

Carne vacuno, camotes, verduras al horno.

POSTRE
Fruta o un pedazo de chocolate negro.

DESAFÍO PARA LA SEMANA
Trata de comer 20 verduras y frutas diferentes. Nuestros ancestros comían 70 tipos de plantas distintas (verduras, frutas, frutos secos, raíces) a la semana. Nuestra alimentación hoy es más limitada y con menos fibra.
¡Ojalá lo logres!

ALGUNAS IDEAS PARA TUS COMIDAS

VERANO

Ponle creatividad a tus ensaladas.

Agrega semillas de maravilla, de zapallo, nueces, almendras picadas, para decorar tu ensalada.

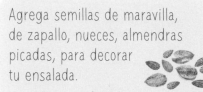

Mezcla distintos tipos de verduras de hojas verdes.

Acompaña tu plato con humus de porotos negros, garbanzos o lentejas.

Agrega fruta picada como durazno y mango.

Agrega porotos negros o blancos.

INVIERNO

Algunas ideas de comida para pasar el frío.

Aprovecha las verduras para asarlas al horno.

Termina tus días con una rica sopa, las que se pueden hacer de cualquier verdura y son un verdadero manjar en las noches de invierno.

Prepara hamburguesas de lentejas o de porotos negros

Prepara arroz intregal o quinoa con verduras picadas.

COME EL ARCOÍRIS

Frutas y verduras de todos los colores. Come una combinación de verduras crudas y cocidas, pues entregan distintos nutrientes.

DALE OTRO SABOR A TU COMIDA

Condimenta con hierbas y especies como cilantro, orégano, romero, perejil, albahaca, ciboulette, menta, curry, merkén, cúrcuma, pues no solo agregan nutrientes sino que también mejoran sustancialmente el sabor de tu plato.

Todas las verduras son versátiles; hay muchas maneras de cocinarlas

¿Qué puedes hacer con una coliflor?

SOPA	**AL HORNO**
Agrega aceite, ajo, cebollas, sal, pimienta y curry.	Sazona con aceite de oliva, sal, pimienta, cilantro y jugó de limón.
"ARROZ"	**MASA DE PIZZA**
Muele en una buena licuadora la coliflor en pedazos chicos.	Muele la coliflor y mézclala con huevos, queso, sal y pimienta.

**TÓMATE UN TIEMPO PARA PREPARAR TUS COMIDAS
Y LUEGO COMPÁRTELAS CON TU FAMILIA O AMIGOS.**

CELEBRA CON LA COMIDA

＊Come sentado y ojalá acompañado. Busca las oportunidades para compartir tus comidas con tu familia. Puede ser al desayuno, almuerzo o cena, según la disponibilidad que tenga cada miembro de la familia. Mientras más veces se den los espacios para compartir las comidas, más serán los beneficios, tanto en la alimentación como en las relaciones familiares.

＊Come lento, ojalá masticando bien pues las señales de saciedad que viajan del estómago al cerebro se demoran unos 20 minutos en entregar esa información. Así le llegarán las señales de saciedad en forma oportuna a tu cerebro.

＊Come en un plato, no directamente de las ollas ni de las bolsas, para poder dimensionar mentalmente cuanto comes.

＊Come sin pantalla, no comas mirando televisión o mirando tu computador o celular, para que tu cerebro esté consciente que estás comiendo.

NO OLVIDES QUE...

* Somos humanos y está bien gozar de un buen postre (que valga la pena) de vez en cuando.

* Comienza a cambiar tus hábitos. ¡No esperes! En promedio los cambios toman unos dos meses para convertirse en hábitos. Prueba con algo sencillo, como comer una manzana.

* No te estreses con la alimentación, pues el estrés empeora todo ya que causa un aumento en ciertas hormonas, como el cortisol, que te pueden hacer subir de peso ¡aunque estés comiendo muy sano!

* Recuerda tomar agua a lo largo de tu día, desde que te levantas hasta unas horas antes de acostarte. ¡Lleva una botella siempre contigo!

* Evita comer alimentos con una larga lista de ingredientes en su etiqueta, a menos que los reconozcas todos. Mejor aún, no comas alimentos con etiquetas.

* Elige productos orgánicos cuando puedas.

CAMBIA TUS HÁBITOS

Por lo general las dietas para bajar de peso no funcionan en el largo plazo. Se estima que solo el 5% de la gente logra mantener la pérdida de peso después de una dieta.

EL ALCOHOL NO ES UN NUTRIENTE ESENCIAL PARA LA SALUD.

ADOLESCENCIA: se recomienda total abstinencia pues es uno de los períodos más importante a nivel del desarrollo del cerebro. Consumir alcohol durante esta etapa puede tener consecuencias permanentes a nivel cerebral, impactando la memoria, la capacidad de aprendizaje, la personalidad, el proceso de decisión y control de impulsos, entre otras.

ANTES DE LOS 15 AÑOS: aumenta exponencialmente la probabilidad de dependencia en el futuro.

ADULTOS: se recomienda consumo moderado de alcohol, ya que también puede tener consecuencias dañinas para la salud.

Si tu objetivo es bajar de peso, reduce la cantidad de carbohidratos de rápida absorción, como los alimentos procesados, el arroz, pastas y papas, y aumenta la cantidad de verduras, grasas y proteínas.

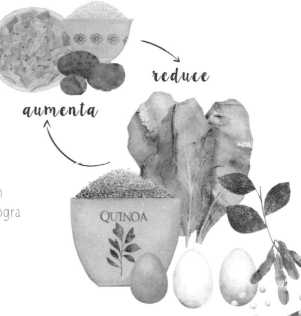

reduce

aumenta

QUINOA

IMPORTANCIA DEL DESAYUNO

* *

Tenemos mayor y mejor concentración cuando desayunamos en forma equilibrada.

* *

¿SABÍAS EL SIGNIFICADO DE "DESAYUNAR"?

DES - AYUNAR
DÉ - JEÛNER (FRANCÉS)
BREAK - FAST (INGLÉS)

Cuando comes en la mañana, estás rompiendo el ayuno que tuviste durante la noche. Así es, durante la noche estás ayunando, pues no estás comiendo nada por un período a veces de 8-12 horas. En ese período no te desmayas pues tu cuerpo se adapta a esa situación y tus células se alimentan de los nutrientes almacenados en tu cuerpo.

Pero desde el momento en que comes por primera vez en la mañana, y entran nuevamente alimentos en tu sangre, tu cuerpo vuelve a usar los nutrientes que comes, y las reservas quedan para ser ocupadas en las noches o durante otros períodos de ayuno.

Como el desayuno es lo primero que entra a tu cuerpo, es muy importante que partas el día con una combinación de alimentos que no provoquen un alza de azúcar en la sangre, equilibrando las proteínas, las grasas y los carbohidratos.

IDEAS PARA EL DESAYUNO

omelette

pan integral con palta

yogurt natural con fruta

yogurt natural con granola

frutas

té o infusiones

pan integral con huevo

¡NO AL AZÚCAR AL DESAYUNO!

No partas el día con un desayuno alto en azúcar, como por ejemplo un pan blanco con dulce de leche, una taza de cereales azucarados, una leche chocolatada o un vaso de jugo ya que te subirá rápidamente el azúcar en la sangre para luego colapsar impidiendo que tengas una buena concentración y desempeño en tu día.

SNACKS

UN CONCEPTO NOVEDOSO

Si bien el concepto de "snacks" o colación es bastante novedoso (nuestros abuelos no llevaban snacks al colegio), hoy la mayoría de los niños y muchos adultos ya lo tienen totalmente incorporado en sus rutinas diarias.

Aclaremos que "snacking" no es una necesidad fisiológica ya que nuestros antepasados no lo consumían. En realidad, comían solo un par de veces al día y funcionaban bien.

ESCUCHA TU CUERPO

Muchas veces comemos por costumbre, porque estamos en piloto automático, porque estamos aburridos, tristes o simplemente comemos sin darnos cuenta. Por eso, es muy importante parar y escuchar tu cuerpo preguntándote si de verdad estás con hambre.

LLEVA TU SNACK

Actualmente es recomendable tener un snack saludable a mano ya que no es fácil mantener una alimentación equilibrada, menos con acceso permanente a todo tipo de comida, y con publicidad que nos bombardea para influenciarnos a comer comida no sana.

SUGERENCIAS DE SNACKS PARA LLEVAR:

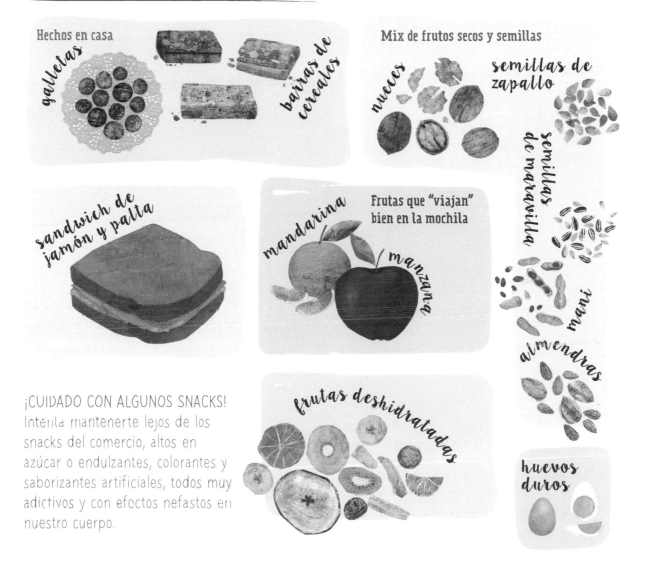

Hechos en casa

galletas

barras de cereales

Mix de frutos secos y semillas

nueces

semillas de zapallo

semillas de maravilla

sandwich de jamón y palta

mandarina

Frutas que "viajan" bien en la mochila

manzana

maní

almendras

¡CUIDADO CON ALGUNOS SNACKS!
Intenta mantenerte lejos de los snacks del comercio, altos en azúcar o endulzantes, colorantes y saborizantes artificiales, todos muy adictivos y con efectos nefastos en nuestro cuerpo.

frutas deshidratadas

huevos duros

PARA SABER MÁS

Sistema inmunológico: es una especie de ejército de tu cuerpo, formado por una gran red de células y órganos que te defiende y te protege contra las infecciones, como las bacterias y los virus. A través de reacciones bien organizadas, tu cuerpo ataca y destruye los organismos infecciosos que lo invaden.

Alergias alimentarias: ocurren cuando el sistema inmunológico considera equivocadamente que un alimento es "peligroso", provocando un proceso inflamatorio mediante la producción de anticuerpos. Una reacción alérgica grave puede causar la muerte. Algunos alimentos que producen alergias son el maní, la leche, los pescados y mariscos.

Gluten: es un tipo de proteína presente en la semilla de varios cereales (trigo, centeno y cebada) y es lo que les entrega la elasticidad y esponjosidad a las masas. Esa es una característica muy importante en panadería y repostería. (GLUE = GLUTEN).

Intolerancia a la lactosa: para digerir la lactosa (principal azúcar de la leche), el cuerpo necesita la enzima lactasa. La intolerancia a la lactosa no es una respuesta del sistema inmunológico, pero se debe a que el organismo no produce esa enzima o no la produce en cantidad suficiente para la correcta digestión de ese tipo de azúcar. Los síntomas van desde ruidos intestinales, hinchazón, diarrea, dolor abdominal a náuseas.

Enfermedad celíaca: (enfermedad autoinmune) es una condición del sistema inmunológico en la que las personas afectadas no pueden ingerir gluten porque les causa graves daños en su intestino delgado, resultando en una mala absorción de nutrientes. Los síntomas son variables, pero frecuentemente implican pérdida de peso y de apetito, náuseas y vómitos. Solo el 1% de la población mundial tiene esa mutación genética.

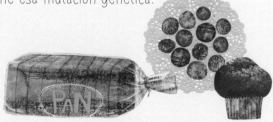

Vegetariano: es una persona que no come carne ni pescado y come principalmente alimentos de origen vegetal, como frutas, verduras, granos, legumbres y frutos secos.

Vegano: es un vegetariano más estricto ya que no come nada de origen animal, incluyendo huevos, leche, mantequilla y otros lácteos, e incluso miel en algunos casos muy estrictos.

Antioxidante: los rayos UV, el estrés, la mala alimentación, la contaminación y el estilo de vida generan radicales libres, esas moléculas inestables con un electrón libre muy nocivas para el cuerpo que buscan emparejarse. Los antioxidantes son nuestros mejores aliados, ya que son capaces de neutralizar esos radicales libres. Vitaminas como la Vitamina A, C, E, K y varias del grupo de las vitaminas B, minerales como el selenio, cobre, zinc tienen una capacidad antioxidante, capaz de frenar y neutralizar los radicales libres.

Alimento orgánico: alimento producido sin el uso de productos sintéticos, pesticidas, herbicidas y fertilizantes, y sin usar semillas modificadas genéticamente. En el caso de la carne, pollos y pescados, implica además que no se usaron hormonas, antibióticos y cualquier otro producto químico.

Colesterol: es un tipo de grasa indispensable en el cuerpo ya que tiene muchas funciones, tales como: ser el componente estructural principal de nuestras células y de algunas hormonas, fundamental para metabolizar la Vitamina D y para ayudar al cerebro a crear memorias. El colesterol en sí no es nada malo, al contrario. El problema es cuando se acumula en las arterias formando placas, estrechando las arterias, causando una disminución del flujo sanguíneo y provocando ataques al corazón. Aproximadamente el 80% del colesterol de nuestro cuerpo es fabricado por el hígado y solo el 20% proviene de la dieta.